LEÇON de cuisine
ルッソン★日本版

riz

アラン・デュカスの
ひと皿フレンチ
お米

140B

Sommaire
目次

★ 材料は全て4人分です。材料費1500〜3000円前後で作れる料理を掲載しています。
★ 少量の調味料などは計量スプーンではなく一般的な食事用スプーンで計算し、「スプーン◯杯」と表記しています。
　家にあるカレー用スプーンなど（受け皿部分が5cm×3.5cmくらいのもの）を使用してください。
★ 道具の表記欄では、包丁とまな板を省略しています。

料理のまえに

- 04 | アラン・デュカスからのメッセージ
- 06 | フランス料理とお米
- 08 | 3種の作りおきレシピ
    - トマトのフォンデュ
    - バルサミコ酢のドレッシング
    - 野菜のブイヨン
- 10 | 成功への10の秘密

お米料理

- 12 | かぼちゃと生ハムのリゾット
- 18 | ココナッツ風味のライス　仔羊のカレー
- 22 | いかとレモンのリゾ
- 26 | 海の幸のパエリヤ
- 30 | ブロッコリーとスモークサーモン、ライスのオーブン焼き
- 34 | ピラフと鶏のブランケット
- 40 | トマトのファルシ
- 46 | 南フランス風　お米のサラダ
- 50 | チーズとくるみの焼きリゾット
- 56 | お米のタルト　いちごのコンフィチュール

マークの説明

下準備　調理　休憩　冷蔵　zoom　シェフのひとこと　ソムリエのおすすめワイン

「お米」はフランス料理になり得るでしょうか？答えは「ウイ」です。

　私はあらゆる種類の米が大好きです。あの独特の風味やカリカリとした食感を楽しみたくて、ポケットの中に米粒をしのばせ、かじることもあります。

　フランスにおける米の歴史は、日本のように長くありません。でも、今ではすっかりポピュラーな食材となり、本書でレシピを紹介している「ピラフと鶏のブランケット」のように、多くのフランスの伝統的な料理に使われています。米は今や現在のフランス料理においても重要な存在だといえるでしょう。

　米はどんな食材とも合いますが、特に兎や仔牛、豚などの白身の肉や魚との相性がよく、ソースのある料理にもぴったりです。また、アスパラガスやたまねぎ、ポワロー、アーティチョークといった爽やかな味わいの野菜と一緒に調理すれば、とてもおいしく仕上がります。

　私のお気に入りの米料理をひとつ挙げるなら、何といってもイタリアのアルバ産白トリュフのリゾットです。牛の髄と刻んだたまねぎをバターで炒め、そこへ米を静かに入れて全体をからめ、ツヤを出します。自家製の鶏のブイヨンを加えてなじませたところへ、バター、パルメザンチーズ、エクストラバージンオリーブオイル、削った白トリュフを加えて仕上げます。その味わいのハーモニーは、本当に素晴らしいものです。

　本書では、皆さんにとって最も身近な食材である日本の「お米」を使って料理しました。あなたのご家庭にある「お米」を使って、気軽にフランスの味が楽しめることを発見していただけたら光栄です。

アラン・デュカス

Le riz
フランス料理と
お米

コシヒカリで、作れます。
ただし「洗わずに使う」こと。

　フランスにおける米の歴史は短く、いくつかの歴史文献に記載があるのみです。ヨーロッパでは11世紀に登場し、18世紀までは、エキゾチックでもの珍しい存在でした。フランスで、本格的に食材のレパートリーのひとつとなるのは、19世紀末のことです。

　米がフランスの食文化に根付いた要因は、おそらく次の3つでしょう。まず、簡単で手早く調理できる食材であること。次に、塩味の料理にはもちろん、本書にある「お米のタルト いちごのコンフィチュール」のように、おいしいデザートにもなり得るなど、バリエーション豊かな料理が可能なこと。さらに、フランスの人々は、パエリヤやリゾットといった、スペインおよびイタリアから影響を受けた米料理が大好きだということです。

　フランスでも、さまざまな形や種類の米が手に入ります。たとえば、イタリアの米「アルボリオ」や「カルナローリ」は、リゾットのなめらかな口あたりを引き出すのに最適ですし、パエリヤに使われるスペインの米「アロッス・ボンバ」は、ブイヨンなどの液体をよく吸い込んで膨らみつつも、しっかりとした歯ごたえを残すのが特徴です。

　本書の料理には、日本の「お米」を代表する「コシヒカリ」を使用しています。コシヒカリは、粒が揃っていて割れにくく、大きさといい形といい、さまざまな火入れに適応する優れた万能米だといえるでしょう。ピラフ、リゾット、パエリヤ、どれに使っても最適な歯ごたえと味に仕上がります。

　ただし、米は洗わずに使ってください。本書の「かぼちゃと生ハムのリゾット」のページでも触れていますが、米には「アミドン」と呼ばれるでんぷん質が含まれており、洗うことでそれが流れてしまうからです。リゾット特有のあの独特のなめらかさは、他の食材とのつなぎの役割を果たす、このでんぷん質を引き出すことによって生まれるのです。

Les 3 recettes de base
3種の作りおきレシピ

まずは、あなたの料理の幅をぐっと広げる、3種の作りおきレシピをお教えしましょう。
本書に掲載されているお米を使ったフランス料理にはもちろん、
ソースに、煮込み料理の隠し味に、野菜と和えてサラダに…
ほんの少しアイデアを巡らせるだけで、ふだんの食事を見違えるごちそうにしてくれることでしょう。

Fondue de tomates
トマトのフォンデュ

トマトの旨みを閉じ込めた濃縮ペースト。肉付きがよく、重みのある大玉トマトを選びましょう。

〈材料〉
- トマト………大玉6個（1個約200g）
- 塩…………ひとつまみ
- グラニュー糖…ふたつまみ

01. トマトのヘタをくり抜き、横半分に切る。片手でトマトを軽く握りつぶしながら、フォークの柄などで種と果汁を取り除く。

02. 天板に塩とグラニュー糖をまんべんなくふり、トマトの皮を上にして並べる。160℃に温めたオーブンで1時間加熱する。

03. 取り除いた種と果汁をざるでこす（こうすることで、種のまわりの旨みも生かす）。

04. 浮き上がってきたトマトの皮を取り除く。熱いので、フォークの柄などで果肉を押さえながらやるとよい。

05. 03でこした果汁をトマト全体にかけ、160℃のオーブンでさらに1時間加熱する。

06. 果汁がカラメル化してきたら、全体をよくかき混ぜる。粗熱がとれたら密閉容器などに入れ、冷蔵庫か冷凍庫で保存する。

Vinaigrette balsamique
バルサミコ酢のドレッシング

バルサミコ酢のまろやかさにシェリーヴィネガーの酸味でパンチを利かせた、黒いドレッシングです。

〈材料〉
- バルサミコ酢………100cc
- シェリーヴィネガー………10cc
- オリーブオイル………150cc
- 塩………ふたつまみ

01. ボウルにバルサミコ酢とシェリーヴィネガーを入れ、塩を加える。

02. オリーブオイルを少しずつ加えながら、泡立て器で軽くかき混ぜる。

03. オリーブオイルの油の粒が小さくなるまで混ざれば出来上がり。密閉容器などに入れ、常温で保存する。

Bouillon de légumes
野菜のブイヨン

香味野菜とブーケ・ガルニを使った基本のブイヨン。リゾットや炊き込みごはんに欠かせません。

〈材料〉
- 水………3ℓ
- にんじん………1本
- セロリ………1本
- たまねぎ………1個
- 固形ブイヨン(チキン)………2個
- タイム………2本
- ローリエ………2枚
- 粒こしょう(白)………50粒
- 塩………適量

01. にんじんはヘタを切り落として皮をむく。5cmの長さに切り、さらに縦半分に切る。

02. たまねぎは皮をむいて上下を切り落とし、十字に切り込みを入れる。

03. セロリは葉の部分を切り分け、茎の部分を3等分する。

04. セロリの葉でタイムとローリエを包み、たこ糸で縛って、ブーケ・ガルニ(香草などを束にしたもの)を作る。

05. 鍋に水と野菜、ブーケ・ガルニを入れて沸騰させ、アクを取り除く。固形ブイヨンと粒こしょうを入れ、弱火で3時間煮る。

06. 塩で味を調えてざるでこし、粗熱をとる。密閉容器などに入れ、冷蔵庫で保存するか、製氷器に流して冷凍してもよい。

Les 10 secrets de la réussite
成功への10の秘密

01.
まずは予習

事前にレシピと「シェフのひとこと」をしっかり読み、調理に必要な材料、道具、時間を把握しましょう。

02.
よい材料を選ぶ

旬に応じて、新鮮で品質のよい材料を選びましょう。

03.
準備をしっかり

材料は入念に量り、調理スペースに並べやすい容器に分けておきましょう。

04.
お米の保存方法

お米は密閉容器に入れ、乾燥した場所に保存しておきましょう。特に新米は水分が多いので、おいしいうちに早めに食べましょう。

05.
お米は洗わない

お米に含まれる成分「ブドン」（でんぷん質）が重要なので、お米を洗う必要ありません。米粒は油分（リーブオイルやバター）からめてツヤを出しながら炒めるので、くっつくこともありません。

06.

熱器具は
熱しておく

理時間を短縮できるよ
オーブンや鍋、ココッ
などの加熱器具はいつも
って温めておきましょ
熱くなった容器をつか
ミトンや乾いたふきんも
意しておきましょう。

07.

火入れ前の塩

どの材料も、火入れの前に
軽く塩をすると、風味が増
します。そして最後に、塩・
こしょう、その他の香辛料
で味を調えましょう。

08.

お米は
だしなどで煮る

お米はレシピに応じてブイ
ヨン（肉・野菜のだし）やフュ
メ（魚介系のだし）、牛乳など
で煮るとよいでしょう。

09.

お米を休ませる

火入れした後のお米は5〜
8分、休ませましょう。そ
うすることで、お米がふっ
くらし、風味を引き出すこ
とができます。

10.

お米は万能野菜

てんぷん質の野菜であるお
米は、アペリティフ、前菜、
メイン料理、デザートのい
ずれにも使える万能の食材
です。肉や魚の付け合わせ
にしてもいいでしょう。

かぼちゃと生ハムのリゾット

Risotto au potiron et jambon cru

生ハムの2通りの食感が楽しい
コクのあるとろけるようなリゾット

🍳 10 min　🍲 80 min

リゾット 4人分		
お米 (洗わないこと)	160g (1合)	
かぼちゃ (バターナッツ・スカッシュが望ましい)	200g	
たまねぎ	1/2個	
生ハム	40g	
パルメザンチーズ (粉末)	40g	
無塩バター	30g	
白ワイン	40cc	
野菜のブイヨン (P09参照。温めておく)	600cc	
オリーブオイル	スプーン5杯	
塩・こしょう	適量	

| 飾り付け | パルメザンチーズ（粉末）……20g
生ハム………………………40g
オリーブオイル（仕上げ用）……スプーン2杯 | 道具 | 鍋
テフロン加工のフライパン
木べら
めん棒 |

01. 野菜の下準備をする。たまねぎは皮をむいて上下を切り落とし、みじん切りにする。

02. かぼちゃのワタと種を取り除き、1cmの厚さに切る。

03. 5cmの大きさに切り分け、皮を厚めにむく（かぼちゃの色をきれいに出すため）。

04. さらに、1cm角に切る（後でペースト状にするので、形は揃わなくてもよい）。

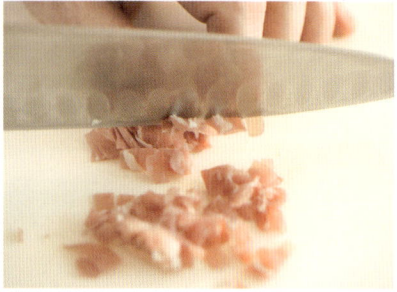
05. 生ハム40gを1cm角に切る。

06. リゾットを作っていく。鍋を熱し、オリーブオイルをスプーン3杯分入れる。

07. かぼちゃを入れ、弱火で色を付けないよう炒める。

08. かぼちゃの表面が半透明になるまで炒めたら塩をふり、ふたをして弱火で10分ほど加熱する。
※P14「シェフのひとこと」参照

09. かぼちゃがやわらかくなったらフォークでつぶしてペースト状にし、容器に移す。

シェフのひとこと

塩の量にご用心
リゾットの中に隠し味の生ハムを入れることですでに塩気が加わっているため、塩を加える時は少なめにしておきましょう。

焦げは大敵
このリゾットの魅力は、何といっても美しいかぼちゃ色。その色を出すために、たまねぎ、かぼちゃ、生ハム、お米は焦がさないように注意しましょう。鍋を揺らしながら、じっくりと火を入れて。

洗い物はなるべく少なく
本書では「なるべく洗い物が出ないように」という点からもレシピを考えています。洗う手間を省き、鍋に残った旨みを無駄にしないためです。

10. 同じ鍋にオリーブオイルをスプーン2杯分入れ、熱する。

11. たまねぎのみじん切りを入れる。

12. たまねぎに色を付けないよう、半透明になるまで弱火で5分ほど炒め、塩をする。

13. 生ハムを加え、2分ほど混ぜ炒める。

14. お米を洗わずに加え、全体をからめながらツヤを出す。
※P16「ZOOM」参照

15. 3分ほどしたら塩をし、白ワインを加えてよくかき混ぜる。鍋肌にこびり付いた旨み成分を煮溶かすつもりで。

16. 白ワインのアルコール分が蒸発したら、温めておいた「野菜のブイヨン」を150cc加える。

17. 休まずにかき混ぜながら、中火でお米をくつくつ煮て、ブイヨンを吸わせる。

18. 水分が減ってきたら、再び「野菜のブイヨン」を150cc加え、お米に吸わせる。これをあと2回繰り返し、全体が白くもったりしてくるまで、休まずにかき混ぜる。

時間の節約法

お米とブイヨンをあらかじめ鍋で6〜8分煮て粗熱をとり、お米と水分を分けて平らな容器に入れ、ラップして冷凍しておけば、翌日に手早くリゾットを作ることができ、便利です。

🔍 ZOOM

お米は洗わないで！

リゾットを作る際、お米は洗わずに加えましょう。洗うと、てんぷん質を主とする成分「アミドン」が流れ出てしまいます。この成分は、お米を煮込み、かき混ぜるほどに出てきて、お米とブイヨンをつなぐ役目をします。重要なタイミングは3つです。行程14で、お米にツヤを出す時。行程16～18で、ブイヨンを加えて煮込む時。行程22でパルメザンチーズを加える時。特にパルメザンチーズを加えた後はエネルギッシュにかき混ぜてください。混ぜれば混ぜるほどアミドンが引き出され、ぼってりとしたおいしいリゾットに仕上がります。

19. 木べらでかき混ぜると鍋底が見えるくらい水分がなくなり、味見をしてお米に火が通っていたら、よけておいたかぼちゃのペーストを加える。

20. 全体にかぼちゃが行き渡るよう、よくかき混ぜる。

21. バターを加え、よくかき混ぜて溶かす。
※P17「シェフのひとこと」参照

22. さらに、パルメザンチーズも加える。

23. パルメザンチーズを溶かしながら、よくかき混ぜる。全体がぽってりとし、チーズが糸を引くくらいになったら、塩・こしょうで味を調え、火からおろす。

24. 飾り付け用のパルメザンチーズのチュイルを作る。テフロン加工のフライパンを熱し、チーズをすき間ができないようにのせ、へらで丸く整える。

25. チーズが溶けてカリカリに焼けてきたら、こわれないように裏返し、再びカリカリに焼く。

26. チーズをめん棒にのせ、カーブを付ける。
※P17「シェフのひとこと」参照

27. 深めの皿にリゾットと飾り付け用の生ハムを盛り付け、こしょう少々、スプーン2杯分のオリーブオイルを回しかけ、チュイルを飾って出来上がり。

ソムリエのおすすめワイン

コート・デュ・ローヌ地方の白ワイン
──蜜っぽいコクのある「シャトーヌフ・デュ・パプ」

バターとパルメザンチーズは水分を飛ばしてから

バターとパルメザンチーズは、リゾットをへらでかき混ぜると鍋底が見えるくらい水分がなくなってから加えましょう。逆にリゾットがもったりしすぎていたら、ブイヨンを加えて調整します。

チュイルをより美しく

パルメザンチーズのチュイルを丸く美しく作りたい場合は、フライパンにパルメザンをのせた後、ココットなどで丸く整えるとよいでしょう。めん棒がない場合は、空き瓶でも代用できます。ちなみにチュイルとは、フランス語で屋根瓦のこと。

ココナッツ風味のライス
仔羊のカレー

Riz à la noix de coco et curry d'agneau

レーズンがアクセント
エレガントで贅沢なカレー

10 min　50 min　5~6h　2h

仔羊のカレー
4人分

仔羊の肩肉	800g
たまねぎ	1個
セロリ	1本
オリーブオイル	スプーン6杯
白ワイン(辛口)	100cc
フォン・ド・ボー(市販のもの)	60cc
野菜のブイヨン(P09参照。温めておく)	500cc
カレー粉	スプーン5杯
カレーペースト	スプーン2杯
プレーンヨーグルト(無糖)	80g
片栗粉	スプーン1杯
塩・こしょう	適量

| ココナッツ風味のライス | お米(洗わないこと)……160g(1合)
レーズン……………20g
無塩バター……………30g
ココナッツミルク……100cc
牛乳………………200cc
塩…………………適量 | 道具 | 鍋
ボウル
バット
ゴムべら
アルミホイル
ラップ |

01. 仔羊肉をひと口大に切ってボウルに入れ、ヨーグルト、カレー粉スプーン3杯分を加え、手でもみ込む。ラップをかぶせて密着させ、冷蔵庫で5~6時間寝かせる。

02. 野菜の下準備をする。たまねぎは皮をむいて上下を切り落とし、1cm角に切る。

03. セロリは葉の部分を切り分け、茎の部分のみ使う。茎は縦半分に切り、1cm角に切る。

04. カレーを作る。寝かせておいた仔羊肉の水気を切ってバットに移す。焼く直前にまんべんなく塩・こしょうする。
※P20「シェフのひとこと」参照

05. 鍋を熱し、オリーブオイルをスプーン4杯分入れる。仔羊肉を入れ、弱火で表面の色が変わる程度に焼き、バットに移す。カレー粉が焦げやすいので注意する。

06. 同じ鍋にオリーブオイルをスプーン2杯分足す。たまねぎとセロリを入れ、底に残ったカレー粉を溶かしながら弱火で5分ほど炒める。

07. カレー粉をスプーン2杯分加え、よく混ぜる。

08. さらにカレーペーストも加え、よく混ぜる。

09. 仔羊肉を鍋に戻し、白ワインを加える。

シェフのひとこと

脂分を嫌わないで
仔羊肉を切る際に、脂分が気になるかもしれませんが、取り除きすぎないで適度に残しましょう。全体に旨みをもたらし、ソースをつなぐ役目をします。

仔羊肉をやわらかく仕上げるコツ
仔羊肉は、ヨーグルトを加えて寝かせるとやわらかく仕上げることができます。この時、くれぐれも塩をしないように注意してください。塩をすると肉の水分が抜けてしまい、焼いた時にパサパサになってしまいます。

肉に塩をする時は必ずバットで
仔羊肉を焼く前に塩をする時は、鍋ではなくバットの中で行ってください。鍋の中で塩をすると、鍋底にこぼれた塩まで加わってしまい、自分が思っているより塩気が強くなってしまうからです。

10. 強火にし、水分が半分くらいになるまで煮詰めたら、フォン・ド・ボーを加える。

11. さらに温めておいた「野菜のブイヨン」も加え、沸騰させる。アクが出てきたら取り除き、ふたをして弱火で1時間半ほど煮込む。
※P21「シェフのひとこと」参照

12. 仔羊肉にナイフを刺してみてスッと通ったら、水で溶いた片栗粉を加えてとろみをつける。
※P21「シェフのひとこと」参照

13. ココナッツ風味のライスを作る。レーズンを30分ほど湯につけてやわらかくし、水気を切っておく。

14. 別の鍋を熱し、バターを入れる。お米を洗わずに加え、全体をからめながらツヤを出す。

15. ココナッツミルクと牛乳を加え、塩をし、沸騰させる。ふたをして中火で15〜18分煮込む。

16. 味見をしてお米が炊けていたら、レーズンを加えて混ぜ、こしょうする。

17. アルミホイルで直径10cm×高さ1cmほどの丸型を作り、皿の上でライスを丸く抜く。

18. ライスの上に仔羊のカレーを盛り付け、カレーソースを回しかけて出来上がり。

ソムリエのおすすめワイン

「野菜のブイヨン」の代わりに
「野菜のブイヨン」が切れていたり、作る時間がない時は、固形ブイヨンを溶かした同量の水で代用しても構いません。

カレーソースにとろみが足りない時は
カレーソースにとろみが足りないと感じた時は、肉を取り出し、ソースのみを煮詰めて様子を見てください。時間がなければ片栗粉を追加してもいいでしょう。

フランス南西部地方の赤ワイン
──コクとタンニンがしっかりした「マディラン」

いかとレモンのリゾ

Riso de calamars et citron

南仏では定番の組み合わせ
いかとレモンの炊き込みごはん

| | 25 min | 40 min | オーブン予熱 180℃ |

4人分

- お米（洗わないこと）……240g（1.5合）
- たまねぎ……1/2個
- いか……1/2杯（約130g）
- グリンピース（冷凍でも可）…50g
- 野菜のブイヨン（P09参照。温めておく）……450cc
- セロリ……1/2本
- レモン……1/2個
- バジル……4枚
- オリーブオイル……スプーン4杯
- 塩・こしょう……適量

| 道 具 | 30cm×15cm×5cmくらいの
グラタン皿（直火にかけられるもの）
フライパン |

01. いかの下準備をする。ワタを足ごと抜いて耳をはずし、胴体の皮をむいて中を洗う。胴体を縦半分に切り、外側（皮が付いていた方）全体に斜めに浅く切り目を入れる。

02. 01の切り目に対して格子状になるように包丁を入れ、3〜4mmの細切りにする。

03. いかの目の上あたりに包丁を入れ、ワタと足部分を切り離し、口と目玉を取り除く。足は吸盤を包丁でしごき取り、先端を少し切り落として5mmくらいの大きさに切る。

04. 野菜の下準備をする。セロリは縦半分に切り、2〜3mmの薄切りにする。

05. レモンはヘタを切り落とし、皮付きのまま3等分する。皮ごと使うので、よく洗っておくこと。

06. レモンを2〜3mmの薄切りにする。

07. たまねぎは皮をむいて上下を切り落とし、みじん切りにする。

08. リゾを作る。グラタン皿を直火にかけ、オリーブオイルをスプーン2杯分入れる。たまねぎを入れ、弱火で色を付けないよう、半透明になるまで2分ほど炒める。

09. いかの足、セロリを加える。

シェフのひとこと

いかの下処理は魚屋さんに

いかは下処理が大変です。魚屋さんに「掃除してください」と頼んで、皮むきや目玉・口の処理などをやってもらいましょう。行程01〜03が、とても楽になるはずです。

リゾットとリゾの違い

お米を炒めてブイヨンを加えた後、そのまま直火で仕上げるのがリゾット、オーブンで焼いて仕上げるのがリゾです。お米の表面を少し焼くことで生まれる、香ばしい風味と食感がリゾの特徴です。

塩を加えるタイミング

行程13で塩を加える時は、材料が十分に熱されているかを確認して入れましょう。あまり早い段階で加えると、水分が出て水っぽくなってしまいます。また、オーブンに入れる前に味見をし、その時点でよい塩加減にしておくとうまくいきます。

10. いかの色が変わるまで、よく混ぜながら炒め、塩をする。

11. レモン、グリンピースを加えて、よく混ぜながら炒める。

12. お米を洗わずにを加え、全体をからめながらツヤを出す。

13. 2分ほどかき混ぜながら炒め、塩をひとつまみ加える。
※P24「シェフのひとこと」参照

14. 温めておいた「野菜のブイヨン」を加え、全体をかき混ぜる。

15. 180℃に温めておいたオーブンに入れ、20分ほど加熱する。
※P25「シェフのひとこと」参照

16. フライパンを熱し、オリーブオイルをスプーン2杯分入れる。いかの細切りを入れ、色を付けないよう弱火で炒める。

17. 味見をしてお米が炊き上がっていたらグラタン皿をオーブンから出し、炒めたいかをのせ、バジルの葉を手でちぎって散らす。

18. 仕上げにこしょうをふって出来上がり。

リゾの炊き加減に要注意

リゾは表面が焦げやすい料理です。オーブンの中を常に注意して見ておいてください。米が炊けていないのに表面が色付いてきたら、すぐに温度を下げましょう。

ソムリエのおすすめワイン

プロヴァンス地方の軽めの赤ワイン
──「コトー・デクス・アン・プロヴァンス」
または
コルシカ島の白ワイン
──「カルヴィ」

海の幸のパエリヤ

Paëlla aux saveurs marines

魚介の旨みを吸い込ませた
具だくさんの炊き込みごはん

| | 60 min | 20 min | 25 min | オーブン予熱 150 ℃ |

4人分

- お米(洗わないこと)……320g(2合)
- たまねぎ……1/2個
- にんにく……1片
- 鶏もも肉(骨なし)……120g
- グリンピース(さやから出した状態)……60g
- トマト……1個(約80g)
- ピーマン……小2個
- ゆでだこ……60g
- 殻付きえび……8尾
- 殻付きムール貝(下処理済みのもの。P28下段参照)……8個
- いかの胴体と足……100g
- チョリソー(スパイスの利いたソーセージ)……40g
- サフラン(めしべ)……10本
- 野菜のブイヨン……500cc
- オリーブオイル……スプーン4杯
- 塩・こしょう……適量

道 具	直径30cmくらいのパエリヤ鍋 （または浅めのフライパン。オーブンに入れられるもの） 小鍋 バット 木べら つまようじ

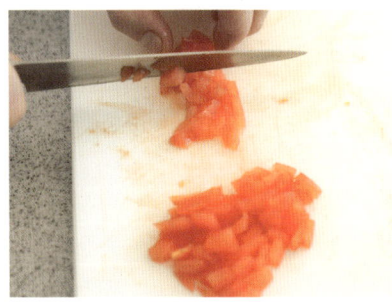
01. 野菜の下準備をする。トマトのヘタ、皮、種を取り除き、粗めのみじん切りにする。
※P28「シェフのひとこと」参照

02. ピーマンは縦に4等分し、ヘタとワタ、種を取り除いて、1cmの細切りにする。

03. にんにくは皮をむき、平らに半分に切って芽を取り除く。包丁の腹で押しつぶし、さらに細かく刻む。

04. たまねぎは皮をむいて上下を切り落とし、みじん切りにする。

05. 肉類の下準備をする。チョリソーは縦半分に切り、2mmの薄切りにする。

06. 鶏もも肉は2〜3cmの大きさに切る。

07. 魚介の下準備をする。えびは尾を残して殻をむき、背ワタをつまようじで取り除く。尾のうち、とんがって飛び出ている部分があるので包丁で切り落とす。

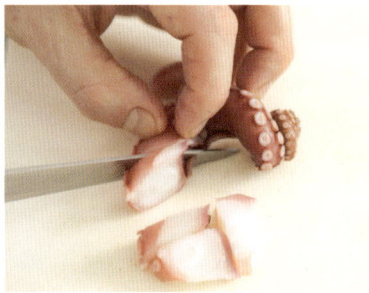
08. ゆでだこは5mmくらいの大きさに切る。

09. いかの胴体を5mmの細切りにする。

🧑‍🍳 シェフのひとこと

ムール貝の下処理の方法

ムール貝は殻ごと入れるのでよく洗います。まず、水を流しながら貝同士をこすり合わせ、殻の汚れを落とします。その後、貝から出ている足糸（ひげのようなもの）を、殻の付け根から口に向かって手で引っ張り、取り除きます。

具は小さめにカットして

パエリヤは長時間炊かないお米料理です。鶏肉や魚介、野菜などの具は、火が通りやすいよう、小さめに切りましょう。

「くっつかない」お米？

ここで余談をひとつ。フランス人は、お米はパラパラの食感を好み、粘りが出ないように仕上げます。スーパーなどに売っているお米のパッケージでも「riz qui ne colle pas（くっつかないお米）」といったうたい文句をよく見かけます。

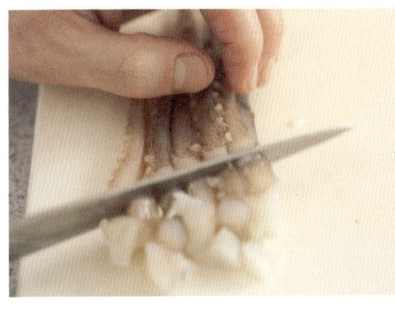
10. いかの足の先端を少し切り落とし、5mmくらいの大きさに切る。

11. 小鍋に「野菜のブイヨン」を沸騰させて火からおろし、サフランを入れておく。

12. パエリヤ鍋を熱し、オリーブオイルをスプーン2杯分入れる。鶏肉を強火で炒めて塩をし、えび、たこ、いかも加えて色が変わる程度に炒め、バットに移す。

13. パエリヤ鍋にオリーブオイルをスプーン2杯分足す。たまねぎとにんにくを入れ、弱火で色を付けないよう、半透明になるまで炒める。

14. ピーマン、グリンピース、チョリソーを加えて炒める。お米も洗わずに加え、全体をからめながらツヤを出す。

15. トマト、炒めた鶏肉・えび・たこ・いか、下処理済みのムール貝を加え、全体をよく混ぜ合わせる。
※P28「シェフのひとこと」参照

16. 温めておいた「野菜のブイヨン」をサフランごと加えて沸騰させ、塩をする。
※P28「シェフのひとこと」参照

17. 150℃に温めておいたオーブンに入れて、20〜25分加熱する。

18. 味見をしてお米が炊けていたらオーブンから出し、全体を静かにかき混ぜる。塩・こしょうで味を調えて出来上がり。

ソムリエのおすすめワイン

ボルドー地方、グラーヴの青リンゴのような香りある爽やかな白ワイン

ブロッコリーと スモークサーモン ライスのオーブン焼き

Riz cuit à l'étouffée, brocoli et saumon fumé

お焦げを作ってもおいしい
色鮮やかな炊き込みごはん

| | 20 min | 40 min | 30 min | オーブン予熱 160 ℃ |

4人分

- お米(洗わないこと) ………… 160g(1合)
- 野菜のブイヨン
  (P09参照。温めておく) ………… 300cc
- オリーブオイル ………… スプーン6杯
- カリフラワー ………… 10房
- ブロッコリー ………… 6房
- スモークサーモン ………… 80g
- 黒オリーブ(種なし) ………… 20粒
- 塩・こしょう ………… 適量

| 道具 | 直径25cmくらいの浅めの鍋
ボウル |

01. カリフラワーは房の根元の固い部分を切り落とし、根元の方から4つに裂く。

02. ブロッコリーの房は、花蕾（からい）と茎に切り分ける。

03. ブロッコリーの花蕾と茎をボウルに分けておく（今回は花蕾のみ使う。茎の利用方法についてはP32「シェフのひとこと」を参照）。

04. 黒オリーブを縦半分に切る。

05. スモークサーモンを5mm幅に切る。

06. 鍋を熱し、オリーブオイルをスプーン6杯分入れる。カリフラワーを入れ、中火で軽く焼き色を付けながら炒め、塩をする。

07. お米を洗わずに加える。

08. 全体をからめながら3分ほど炒め、お米にツヤを出す。

09. 黒オリーブを加え、塩をひとつまみ入れる。

シェフのひとこと

| 下ごしらえは万全に | ブロッコリーの茎のスープ | 相性のいい3つの食材 |

10. 温めておいた「野菜のブイヨン」を加える。

11. 強火で沸騰させ、ふたをする。
※P33「シェフのひとこと」参照

12. 160℃に温めておいたオーブンに鍋を入れ、30分ほど加熱する。

13. 味見をしてお米が炊けていたら、鍋をオーブンから出す。

14. 全体を軽くかき混ぜる。

15. ブロッコリーの花蕾を加える。

16. さらに、スモークサーモンも加える。

17. 全体をよく混ぜてふたをし、10分ほど蒸らす（蒸らすことでサーモンとブロッコリーが色鮮やかになる）。

18. 塩・こしょうで味を調えて出来上がり。

土鍋でもOK

写真のような浅めの鍋がない場合は、すき焼きなどに使う土鍋を代用しても構いません。ただし、ふたのあるものを使ってください。

オーブンを使わず炊いても

行程11でふたをした後、オーブンを使わずに、そのまま弱火で炊き上げても構いません。お焦げを作ってもおいしいでしょう。

🍷 ソムリエのおすすめワイン

ロワール地方のソーヴィニヨン・ブランを使った白ワイン
──清涼感とミネラル感のある「サンセール」

ピラフと鶏のブランケット

Riz pilaf, blanquette de volaille

ホワイトソースで煮込んだ鶏肉と
ハーブが香るシンプルな炊き込みごはん

30 min ／ 3 h ／ オーブン予熱 150 ℃

鶏のブランケット 4人分

- 鶏の手羽元 … 16本
- にんじん … 中1本
- セロリ（葉付き）… 1/2本
- 生マッシュルーム … 4個
- タイム、ローリエ（ブーケ・ガルニ用）… 適量
- 粒こしょう（白）… 20粒
- 無塩バター … 30g
- 小麦粉 … 30g
- 水 … 2ℓ
- 野菜のブイヨン（P09参照。温めておく）… 450cc
- プレーンヨーグルト（無糖）… 50g
- レモン … 1/2個
- 塩・こしょう … 適量

ピラフ	お米（洗わないこと）……………160g(1合)	道 具	鍋（ひとつはオーブンに入れられるもの）
	鶏の手羽元と野菜のゆで汁		ボウル
	（鶏のブランケットの調理中に出るもの）…250cc		バット
	たまねぎ………………………1/2個		ざる
	無塩バター……………………40g		泡立て器
	タイム…………………………4本		木ベラ、ゴムべら
	塩・こしょう…………………適量		たこ糸
			クッキングシート、ラップ

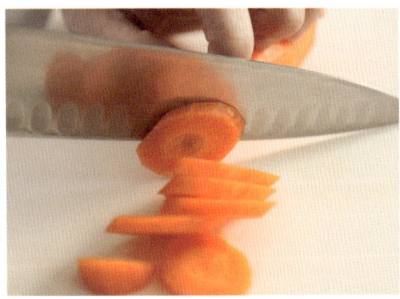
01. 野菜の下準備をする。にんじんはヘタを切り落として皮をむき、5mmの薄切りにする。

02. セロリは葉の部分を切り分け、茎は5mmの薄切りにする。

03. たまねぎは皮をむいて上下を切り落とし、みじん切りにする。

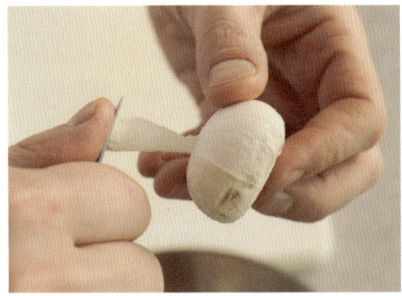
04. マッシュルームの石づきを切り落とし、皮を薄くむく。
※P38「ZOOM」参照

05. マッシュルームを4等分する。

06. スクイーザーでレモンを搾る。なければ写真のように、レモンにフォークを差し込み、片手で握りつぶしながら搾ってもよい。

07. セロリの葉でタイムとローリエを包み、たこ糸で縛って、ブーケ・ガルニを作る。

08. 鶏の手羽元と野菜を下ゆでする。鍋に手羽元が重ならないように並べる。水2ℓを注ぎ、弱火でじっくり沸騰させる。
※P36「シェフのひとこと」参照

09. 沸騰してアクが出てきたら取り除く。

シェフのひとこと

骨付きの鶏肉なら何でもOK
鶏肉は、今回は手羽元を使っていますが、手羽先やもも肉のぶつ切りなど、骨付きであれば何でも構いません。

鍋のサイズが重要
鶏肉をゆでる時の鍋は、均一に火が通るよう、鶏肉を重ねずに平らに並べることができる大きさの鍋を選んでください。

鶏肉は水から静かに煮る
沸騰した湯に鶏肉を入れると、身が縮んでしまい、だしが出ません。水の状態から、弱火でじっくり静かに煮ることが大切です。

10. 5分ほどアクを取り続けたら、にんじん、セロリ、ブーケ・ガルニ、塩、粒こしょうを加える。アクを取りながらさらに1時間半ほど煮込む。

11. 手羽元の一番厚い部分か骨の近くにナイフを刺してスッと通ったら、手羽元、にんじん、セロリをバットに移す。ブーケ・ガルニは取り除く。

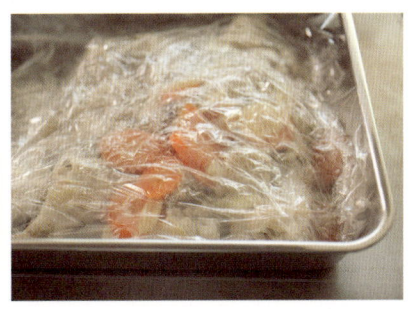

12. バットの具にラップをかぶせて密着させ、乾燥しないようにしておく。

13. ゆで汁をざるでこしておく。

14. ピラフを作る。手羽元をゆでていた鍋を熱し、バター10gを入れる。たまねぎを入れ、弱火で色を付けないよう、半透明になるまで炒める。

15. お米を洗わずに加え、全体をからめながらツヤを出す。

16. ゆで汁250ccを加え、軽く塩をする。

17. タイム4本を加え、沸騰させる。

18. クッキングシートを鍋の大きさに切り、落としぶたをする。
※P37「シェフのひとこと」参照

落としぶたの作り方

正方形に切ったクッキングシートを4つ折にし、さらに細い三角形になるまで折り、使っている鍋の半径に合わせて両端をハサミで切り落とします。すると、行程18のような、ぴったりのサイズの丸い落としぶたが出来上がります。

🔍 ZOOM

マッシュルームは水が嫌い

マッシュルームは、水に触れると酸化して風味が落ちてしまうので水洗いはしません。表面の茶色い汚れが気になる時は、ぬれぶきんで拭くか、写真のように皮を薄くむくと真っ白に仕上げることができます。石づきを切り落とした後、少しめくれた部分から小さなナイフで上に向かって皮をむくとうまくいきます。

19. 150℃に温めておいたオーブンに入れ、15分ほど加熱する。

20. 味見をしてお米が炊けていたらオーブンから出して落としぶたを取り、バター30gを入れ、フォークでかき混ぜる。タイムを取り除き、塩・こしょうで味を調える。

21. ブランケットソースを作る。08とほぼ同じ大きさの別の鍋を熱し、バター30gを入れる。小麦粉を加え、泡立て器でよくかき混ぜながら、弱火で5分ほど炒める。

22. 小麦粉がダマにならないよう、温めておいた「野菜のブイヨン」を少しずつ加え、よくかき混ぜながら、10分ほど熱する。
※P39「シェフのひとこと」参照

23. ふつふつと泡立ってきたら、ヨーグルトを入れてよくかき混ぜる。

24. マッシュルームを加える。

25. よけておいた手羽元と野菜を入れる。

26. 最後にレモン汁を加え、塩・こしょうで味を調える。

27. ピラフをココットなどの円形の器に詰めて皿の上に引っくり返し、鶏のブランケットを添えて出来上がり。

ブイヨンの入れすぎに注意

行程22でブイヨンを入れすぎると、ブランケットソースがゆるくなりすぎて、修正が利かないので注意しましょう。もったりとしすぎた場合は、行程25で少しずつゆで汁を足して調整します。

ダイエットソース?

本来、ブランケットソースには卵黄や生クリームが入りますが、今回はヨーグルトを使って軽く仕上げてみました。でも、食べ応えのあるコクは健在です。

🍾 ソムリエのおすすめワイン

ブルゴーニュ地方の白ワイン
──清涼感のあるミネラル豊富な
「サントネー」
または
ボジョレーの赤ワイン
──フルーティーな「サン・タムール」

トマトのファルシ

Tomates farcies parfumées à la sauge

豚ひき肉とごはんを詰めた
ジューシーで爽やかな前菜

60 min　50 min　オーブン予熱 150 ℃

トマトのファルシ　4人分

トマト	中8個（1個約100g）
冷やごはん	100g
豚ひき肉	100g
たまねぎ	中1個
にんにく	1片
卵	1個

トマトのフォンデュ
（P08参照）……スプーン7杯
オリーブオイル……スプーン5杯
パルメザンチーズ（粉末）……スプーン2杯
タイム……4本
セージの葉……4枚
塩・こしょう……適量

付け合わせの サラダ	サラダ用葉物野菜……………適量 バルサミコ酢のドレッシング （P09参照）……………適量 塩・こしょう……………適量	道　具	グラタン皿 鍋 ボウル バット ざる ゴムべら キッチンペーパー

01. トマトのカップを作る。後でグラタン皿に並べる時に安定するよう、トマトの底を薄く切り落とす。
※P42「シェフのひとこと」参照

02. トマトの上部はヘタを付けたまま、1cmほど切る。これは、ふたとして後で使うので置いておく。

03. トマトの種と中身をスプーンでくり抜き、カップ状にする。

04. キッチンペーパーを敷いたバットに、切り口を下にしてトマトを並べ、水気を切る。後でふたをする際に不揃いにならないよう同じトマトのふたとカップをそばに置く。

05. くり抜いたトマトの種と中身をざるでこし、果汁をとっておく。

06. ファルシの中身を作る。にんにくは皮をむき、平らに半分に切って芽を取り除く(芽は苦みがあるため)。

07. 包丁の腹でにんにくを押しつぶし、さらに細かく刻む。

08. タイムの葉を指でしごき取る。

09. タイムの葉を細かく刻む。

シェフのひとこと

ファルシとは
ファルシとは、野菜や果物、肉、魚、卵などに詰め物をした料理のこと。特に「トマトのファルシ」はポピュラーで、前菜として好まれる一品です。

トマトを安定させるひと工夫
トマトのカップが調理中に転がるのを防ぐため、ほんの少しだけトマトの底を切って平らにしておくのがポイントです。トマトの皮は切りにくいので、パンナイフなどの刃先にギザギザが入った包丁で切るとよいでしょう。

炊きたてより冷やごはん
ファルシには、炊きたてごはんより、水分が少なく、くっつきにくい冷やごはんの方が向いています。冷蔵庫や冷凍庫で保存していたごはんの場合は人肌程度に温めて使いましょう。

10. セージの葉を茎からはずす。
※P43「シェフのひとこと」参照

11. セージの葉を細かく刻む。

12. たまねぎは皮をむいて上下を切り落とし、みじん切りにする。

13. 鍋を熱し、オリーブオイルをスプーン2杯分入れる。たまねぎを入れ、弱火で色を付けないよう、半透明になるまで炒める。

14. ふたをし、弱火で熱する。10分ほどしたらふたを開け、粗熱をとる。

15. ボウルに豚ひき肉、たまねぎ、レンジで人肌程度に温めた冷やごはん、「トマトのフォンデュ」、パルメザンチーズ、にんにく、タイム、セージを入れる。※P42「シェフのひとこと」参照

16. ゴムべらで全体を混ぜ、よくこねる。

17. 卵を溶いて加え、さらによくこねる。

18. 塩・こしょうで味を調える。

セージと豚肉は好相性

エレガントな香りのセージは、特に豚肉と相性のいいハーブです。好みで多めに入れてもよいでしょう。

🔍 ZOOM

中身は思い切ってたっぷり詰めて

オーブンで加熱すると、肉が縮んでかさが減るので、トマトのカップに中身を詰める時は、思い切ってたっぷりと詰めてください。目安は、トマトのふちから1cmはみ出すくらい。トマトのふたが、シャポー（フランス語で帽子の意味）のようにちょこんとのった様は、なかなか愛らしいものです。

19. ファルシを仕上げる。トマトのカップとふたを裏返し、塩・こしょうする。

20. 18をスプーンを使ってトマトのカップに詰める。
※P44「ZOOM」参照

21. トマトのふたを手で軽く押しつけながらかぶせる。

22. グラタン皿にトマトのファルシを並べ、スプーン3杯分のオリーブオイルを全体に回しかける。

23. ファルシに行程05のトマトの果汁を回しかける。

24. 150℃に温めておいたオーブンで30分ほど焼く。

25. 底にたまった焼き汁を2〜3回、回しかけては焼く。串を刺して肉汁が出なくなったら焼き上がり。
※P45「シェフのひとこと」参照

26. 付け合わせのサラダを作る。サラダ用葉物野菜に「バルサミコ酢のドレッシング」を加え、塩・こしょうで味を調える。

27. 皿にファルシとサラダを盛り付け、グラタン皿の底に残った焼き汁を回しかけて出来上がり。

🍷 **ソムリエのおすすめワイン**

焼き汁がカラメル化したら
トマトの糖分が高いと、焼き汁がグラタン皿の底でカラメル化することがあります。その場合は、焦げ付く前に少しだけ水を足してください。

焼いている間の色に注意
オーブンで焼いている間、トマトの色が茶色くなり始めたら要注意。温度を120℃に下げて、焦げないようにしてください。

コート・デュ・ローヌ地方の赤ワイン
——スパイシーで果実味の豊かな「サン・ジョセフ」

南フランス風
お米のサラダ

Salade de riz aux couleurs du Sud

シーザーソースでお米を和えた
まろやかな味わいのサラダ

40 min | 40 min

お米のサラダ 4人分

お米（洗わないこと）……160g（1合）	ツナ（缶詰）……50g
お湯……250cc	コルニション……10本
オリーブオイル……スプーン2杯	プチトマト……8個
赤パプリカ……1/2個	卵……4個
赤たまねぎ……1/4個	サラダ用葉物野菜……適量
さやいんげん……20本	塩・こしょう……適量
ケイパー……スプーン1杯	

シーザー ソース	卵·····················1個		道 具	鍋
	ディジョンマスタード·············スプーン2杯			ボウル
	アンチョビ·····················2枚			バット
	パルメザンチーズ(粉末)···········スプーン2杯			すり鉢、すりこぎ
	オリーブオイル·················100cc			ゴムべら
	赤ワインヴィネガー···············スプーン2杯			キッチンペーパー
	塩・こしょう···················適量			

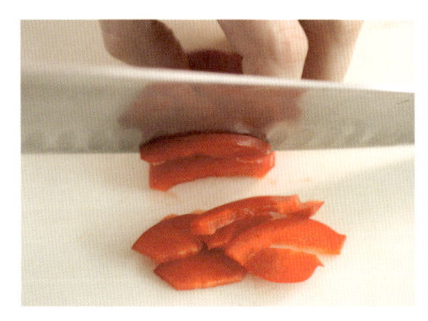

01. 赤パプリカは縦半分に切り、ヘタとワタ、種を取り除いて2mmの細切りにする。

02. 赤たまねぎは皮をむいて上下を切り落とし、5mm角に切る。

03. コルニションとケイパーはキッチンペーパーを敷いたバットにのせ、水気を切る。

04. コルニションを縦半分に切り、3mmの斜め切りにする。

05. ケイパーを包丁の腹で押しつぶす（香りを出すため）。

06. プチトマトはヘタを付けたまま、縦半分に切る。

07. ツナは油を切って手でほぐし、器に入れておく。

08. さやいんげんのヘタを切り落とす。鍋にお湯を沸かし、塩をスプーン1杯分入れる。さやいんげんを入れ、3〜4分ゆでる。ゆで上がったら氷水にとる。

09. さやいんげんを氷水から取り出し、半分に斜め切りする。

シェフのひとこと

卵をゆでる時は塩なしで

卵をゆでる時は、お湯に塩を入れないでください。殻には目に見えない穴がたくさん開いているため、塩分が中に入って、殻と白身がくっつき、むきにくくなります。

炊いたお米は常温で冷ます

行程11でお米の粗熱をとる時は、冷蔵庫に入れず、常温で冷ますようにしてください。冷蔵庫に入れると、かちかちの固まりになってしまいます。

ミキサーを使っても

シーザーソースを作る際は、行程14・15をミキサーで行っても構いません。ただし、材料を入れる順番は守ってください。

10. 鍋を熱し、オリーブオイルを入れる。お米を洗わずに加え、2分ほど全体をからめてツヤを出す。お湯250cc、塩少々を入れてふたをし、弱火で15分ほど炊く。

11. 味見してお米が炊き上がっていたら鍋を火からおろし、赤パプリカ、赤たまねぎを混ぜる。バットに移して平らに広げ、粗熱をとる。※P48「シェフのひとこと」参照

12. 半熟卵を作る。ぬるま湯に卵をスプーンで静かに入れ、10〜15分ほど置いておく。こうすると後で殻がむきやすくなる。

13. 別の鍋にお湯を沸騰させ、ぬるま湯につけておいた卵をスプーンで静かに入れる。弱火で5分30秒ゆでたら冷水にとり、殻をむく。※P48「シェフのひとこと」参照

14. シーザーソースを作る。すり鉢にディジョンマスタード、アンチョビ、パルメザンチーズを入れ、すりつぶす。チーズの粉っぽさが消えたら半熟卵も1つ加える。

15. 赤ワインヴィネガーを加えてよく混ぜる。続いて、オリーブオイルを少しずつ加えながら混ぜる。塩・こしょうで味を調える。※P48・49「シェフのひとこと」参照

16. ボウルに粗熱をとったお米、ケイパー、コルニション、ツナ、さやいんげん、シーザーソースを入れ、よく混ぜ合わせる。塩・こしょうで味を調える。

17. 器にお米のサラダを盛り、残りの半熟卵とサラダ用葉物野菜を飾り付ける。半熟卵は上部を少し切って黄身を見せる。

18. プチトマトを飾り付けて、出来上がり。

ソースが濃すぎる場合は

シーザーソースの仕上がりがもったりとして濃すぎる場合は、水をごく少量ずつ加えてゆるめてください。

ソムリエのおすすめワイン

プロヴァンス地方のロゼ・ワイン
——ほのかな果実味のある爽やかな
「バンドール」
または
同じくプロヴァンス地方の白ワイン
——「カシス」

チーズとくるみの焼きリゾット

Riz poêlé / croustillant au fromage et noix

エメンタールチーズをふんだんに使った
焼き目が香ばしいスティック状のリゾット

40 min 60 min 4 h

焼きリゾット
4人分

お米(洗わないこと)……………160g(1合)	野菜のブイヨン(P09参照。温めておく)…600cc
たまねぎ………………………1/2個	塩・こしょう………………………適量
無塩バター……………………30g	
オリーブオイル………………スプーン3杯	
エメンタールチーズ…………100g	
くるみ…………………………40g	
白ワイン………………………40cc	

アンディーブの サラダ	アンディーブ……………2個	道 具	鍋
	くるみ……………………20g		テフロン加工のフライパン
	ディジョンマスタード………スプーン1/2杯		ボウル
	赤ワインヴィネガー…………スプーン1杯		バット
	オリーブオイル………………スプーン3杯		おろし金
	水…………………………スプーン1杯		木べら
	塩…………………………適量		泡立て器
			ラップ

01. リゾットを作る。たまねぎは皮をむいて上下を切り落とし、みじん切りにする。

02. くるみも細かく刻んでおく。
※P52「シェフのひとこと」参照

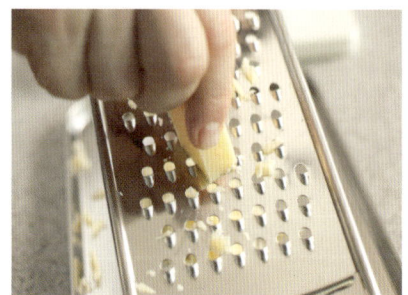

03. エメンタールチーズはおろし金ですりおろす。※P52「シェフのひとこと」参照

04. 鍋を熱し、オリーブオイルをスプーン2杯分入れる。たまねぎを入れ、弱火で色を付けないよう、半透明になるまで5分ほど炒める。

05. お米を洗わずに加える。

06. 3分ほど全体をからめ、お米にツヤを出す。

07. 塩をひとつまみ入れ、白ワインを加えてよくかき混ぜる。

08. 白ワインのアルコール分が飛んだら、温めておいた「野菜のブイヨン」を300cc加える。

09. 塩をひとつまみ入れる。

シェフのひとこと

くるみをより香ばしく
くるみは刻む前にトースターで数秒あぶると、より香ばしく仕上がります。

チーズはハードタイプで
チーズはパルメザン、コンテ、エメンタールなどハードタイプなら何でも構いません。混ぜて使ってもいいでしょう。ただしパルメザンとエメンタールについては、エメンタールの方が風味が強くパルメザンの風味はほとんど感じられないので、あえて一緒に使う必要はないでしょう。

お米は「固め」がベスト
行程11では、お米は、まだ芯が残って固いと感じる程度の状態で火からおろします。火からおろした後も、お米には余熱で火が入りますし、仕上げにはフライパンでさらに焼くので、この段階では、固いかなと感じられる程度がちょうどよいのです。

10. 水分が減って米粒が見えてきたら、「野菜のブイヨン」を150cc加える。再び水分が減ってきたらさらに150cc加え、12〜15分ほど炊く。

11. 鍋を火からおろし、バターを加える（お米は芯が残った固い状態でよい）。
※P52「シェフのひとこと」参照

12. くるみ40gを鍋に入れる。

13. エメンタールチーズを加える。

14. バターとチーズが溶けて全体に行き渡るよう、よくかき混ぜる。

15. 塩・こしょうで味を調え、粗熱をとる。

16. バットにラップを敷き、リゾットを入れる。

17. リゾットの表面にもラップをかぶせて密着させ、手で平らにならし、4時間以上、冷蔵庫に入れて冷やし固める。

18. アンディーブのサラダを作る。アンディーブの根元を切り落として葉を分け、縦半分に切り、食べやすいよう斜めに切る。

🔍 ZOOM

小さく焼けばおつまみに早変わり

冷やし固めたリゾットは、3cm角にカットして焼けば、アペリティフ（食前酒）にぴったりの手軽なおつまみにもなります。写真のように、つまようじを使ってアンディーブとくるみをあしらえば、見た目と歯ざわりがよりいっそう楽しいものになるでしょう。

19. アンディーブを氷水につけておく（歯ごたえをよくするため）。

20. ドレッシングを作る。ボウルにディジョンマスタード、赤ワインヴィネガーを入れて泡立て器で混ぜる。

21. オリーブオイルを少しずつ加えながら、泡立て器でよくかき混ぜ、最後に水、塩も加える。

22. アンディーブの水気を切り、ボウルに入れる。くるみ20gを加えてドレッシングと和え、こしょうする。

23. 冷蔵庫からリゾットを取り出し、切り分けるのに十分な固さがあれば、ラップをはがす。※P55「シェフのひとこと」参照

24. 包丁でリゾットをスティック状に切る。

25. テフロン加工のフライパンを熱し、オリーブオイルをスプーン1杯分入れる。リゾットをのせ、中火でこんがり焼く。

26. 片面が色付いたら裏返す。やわらかいので崩れないよう注意。

27. 皿に焼きリゾットとアンディーブのサラダを盛り付けて、軽く塩・こしょうし、オリーブオイルを回しかけて出来上がり。
※P54「ZOOM」参照

リゾットは十分に冷やし固めて

このレシピでは、リゾットを切ったり焼いたりしやすいよう、しっかり固まっていることが重要です。行程23で十分に固まっていることを確認してください。

ソムリエのおすすめワイン

ジュラ地方のシャルドネを使ったほどよい酸と熟成香のある白ワイン

お米のタルト
いちごのコンフィチュール

Tarte au riz et confiture de fraises

濃厚なお米のミルク煮を焼き上げた
甘酸っぱいジャム入りタルト

| | 60 min | 50 min | 2 h | オーブン予熱 200 ℃ |

フィリング 4人分	お米（洗わないこと）	40g（1/4合）
	牛乳	350cc
	バニラビーンズ	1/2本
	砂糖	35g
	卵	1個（卵白と卵黄に分けておく）
	いちごジャム	50g
	オレンジの皮	適量

タルト台	小麦粉	400g+適量	道具	直径18cmくらいのタルト型
	片栗粉	100g		鍋
	無塩バター（常温でやわらかくしておく）	35g+適量		ボウル
	卵	2個		ざる
	砂糖	10g		おろし金
	塩	ひとつまみ		めん棒
	水	100cc		ゴムべら
				泡立て器
				ラップ

01. タルト台を作る。小麦粉、片栗粉をざるでふるい、ボウルに入れる。

02. 粉の真ん中に穴を開け、塩、砂糖10g、常温でやわらかくしておいたバター、溶いた卵2個分を入れる。
※P58「シェフのひとこと」参照

03. さらに水も加える。

04. 周りの粉を少しずつ崩しながら、手でよく混ぜる。

05. ダマがなくなり、まとまってきたら、体重をかけてよくこねる。

06. 指で押してゆっくり戻ってくる状態になったら、ボウルから出す。

07. ラップで包んで空気を抜き、冷蔵庫で2時間ほど休ませる。

08. タルト型にバターを塗る。

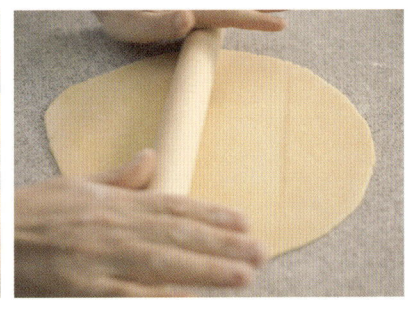

09. タルト生地を冷蔵庫から出し、小麦粉をふった台の上で、型よりひと回り大きい円形にめん棒でのばしていく。

シェフのひとこと

卵を割る時は1個ずつ
ここでプロの常識をひとつ。卵を何個か使う時は、1個ずつ別々の器に割りましょう。すべての卵を同じ器に割ると、もし傷んだ卵があった場合、全部捨てなければいけなくなってしまうからです。

穴の開けすぎに注意
行程13で、タルト生地をフォークで刺しますが、浅く刺す程度にとどめ、完全に穴を開けないようにしてください。

生地の焼き上がりを確認する
タルト生地が色付いてきたら、ナイフで真ん中を刺してみましょう。ナイフに何もついてこなければ焼き上がりです。

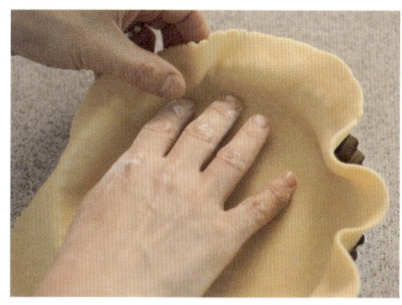

10. のばした生地を型に敷き込む。

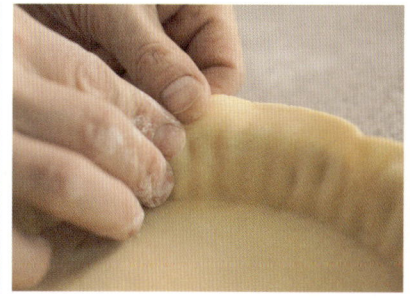

11. 型の側面にも生地をしっかりと沿わせる。厚さが一定になるよう注意する。

12. 型の上にめん棒を転がし、余分な生地を切り落とす。

13. 生地の変形を防ぐため、全体をフォークで浅く刺す。150℃に温めておいたオーブンに入れ、10分ほど焼く。
※P58「シェフのひとこと」参照

14. 焼き上がったら、型のまま粗熱をとる。

15. フィリングを作る。バニラビーンズを包丁で平らに半分に開き、中身をこそげとる。

16. 鍋に牛乳と砂糖30gを入れ、弱火でゆっくり温める。沸騰させないこと。

17. こそげとったバニラビーンズ、その皮、お米を洗わずに入れ、15分ほど、沸騰させない程度に静かに煮込む。

18. 味見をしてお米がやわらかくなっていたら、バニラビーンズの皮を取り除いてボウルに移し、粗熱をとる。
※P59「シェフのひとこと」参照

生地を多めに作って冷凍

タルト生地は多めに作って冷凍しておくと便利です。使う数時間前に取り出して、解凍して使います。このレシピのタルト生地はバターや砂糖が少なめなので、キッシュなどにも合うでしょう。

フィリングが重すぎる時は

行程18で、お米の粘り気が出て、混ぜにくいほどもったりとしている場合は、少しずつ牛乳を加えてゆるめてください。

アルデンテ禁止?

リゾットを作る時とは異なり、お米はアルデンテ(芯を少し残した状態)ではなく完全にやわらかくなるまで炊きましょう。

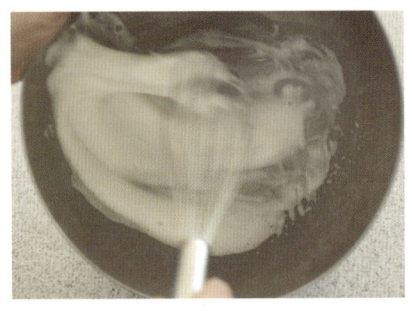

19. メレンゲを作る。ボウルに卵1個分の卵白、砂糖5gを入れ、泡立て器で逆さにしても落ちてこない程度に泡立てる。

20. 粗熱をとったお米に卵1個分の卵黄を入れて、ゴムべらでよく混ぜる。

21. さらにメレンゲを加えて、さっくりと切るように混ぜる。

22. おろし金でオレンジの皮をすり入れる。
※P60「シェフのひとこと」参照

23. タルト台の底に、いちごジャムをまんべんなく塗る。

24. フィリングをタルト台に流し入れる。

25. 200℃に温めておいたオーブンで10〜15分焼く。

26. 表面がきつね色に色付いたらオーブンから出し、粗熱をとる。
※P60「シェフのひとこと」参照

27. 粗熱がとれたら、型からはずして出来上がり。

オレンジの香りのアクセント

フィリングの「リ・オ・レ（お米のミルク煮）」は単調な味になりがちです。このレシピでは、オレンジの皮をすりおろして香りのアクセントをつけています。ぜひ試してみてください。

タルトは冷蔵庫に入れないで

調理中も焼き上がってからも、タルトは常温で置いておきましょう。冷蔵庫に入れると、固くなり、湿気ってしまいます。

🍷 ソムリエのおすすめワイン

南西部地方の白ワイン
——後口にキレのあるやや甘口の「ジュランソン」

Risotto au potiron et jambon cru	Riz à la noix de coco et curry d'agneau	Riso de calamars et citron	Paëlla aux saveurs marines	Riz cuit à l'étouffée, brocoli et saumon fumé
かぼちゃと生ハムのリゾット	ココナッツ風味のライス 仔羊のカレー	いかとレモンのリゾ	海の幸のパエリヤ	ブロッコリーとスモークサーモンライスのオーブン焼き

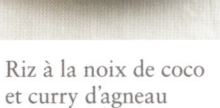

Liste des courses

Riz pilaf, blanquette de volaille	Tomates farcies parfumées à la sauge	Salade de riz aux couleurs du Sud	Riz poêlé/croustillant au fromage et noix	Tarte au riz et confiture de fraises
ピラフと鶏のブランケット	トマトのファルシ	南フランス風お米のサラダ	チーズとくるみの焼きリゾット	お米のタルト いちごのコンフィチュール

買い物リスト

4人分
〈ブロッコリーとスモークサーモンライスのオーブン焼き〉
- お米　160g(1合)
- 野菜のブイヨン　300cc
- オリーブオイル　スプーン6杯
- カリフラワー　10房
- ブロッコリー　6房
- スモークサーモン　80g
- 黒オリーブ(種なし)20粒
- 塩・こしょう　適量

4人分
〈海の幸のパエリヤ〉
- お米　320g(2合)
- たまねぎ　1/2個
- にんにく　1片
- 鶏もも肉(骨なし)120g
- グリンピース(さやから出した状態)60g
- トマト　1個(約80g)
- ピーマン　小2個
- ゆでだこ　60g
- 殻付きえび　8尾
- 殻付きムール貝(下処理済みのもの)　8個
- いかの胴体と足　100g
- チョリソー　40g
- サフラン(めしべ)10本
- 野菜のブイヨン　500cc
- オリーブオイル　スプーン4杯
- 塩・こしょう　適量

4人分
〈いかとレモンのリゾ〉
- お米　240g(1.5合)
- たまねぎ　1/2個
- いか　1/2杯(約130g)
- グリンピース(冷凍でも可)　50g
- 野菜のブイヨン　450cc
- セロリ　1/2本
- レモン　1/2個
- バジル　4枚
- オリーブオイル　スプーン4杯
- 塩・こしょう　適量

4人分
〈仔羊のカレー〉
- 仔羊の肩肉　800g
- たまねぎ　1個
- セロリ　1本
- オリーブオイル　スプーン6杯
- 白ワイン(辛口)　100cc
- フォン・ド・ボー(市販のもの)　60cc
- 野菜のブイヨン　500cc
- カレー粉　スプーン5杯
- カレーペースト　スプーン2杯
- プレーンヨーグルト(無糖)　80g
- 片栗粉　スプーン1杯
- 塩・こしょう　適量

〈ココナッツ風味のライス〉
- お米　160g(1合)
- レーズン　20g
- 無塩バター　30g
- ココナッツミルク　100cc
- 牛乳　200cc
- 塩　適量

4人分
〈リゾット〉
- お米　160g(1合)
- かぼちゃ(バターナッツ・スカッシュが望ましい)200g
- たまねぎ　1/2個
- 生ハム　40g
- パルメザンチーズ(粉末)40g
- 無塩バター　30g
- 白ワイン　40cc
- 野菜のブイヨン　600cc
- オリーブオイル　スプーン5杯
- 塩・こしょう　適量

〈飾り付け〉
- パルメザンチーズ(粉末)20g
- 生ハム　40g
- オリーブオイル　スプーン2杯

4人分
〈フィリング〉
- お米　40g(1/4合)
- 牛乳　350cc
- バニラビーンズ　1/2本
- 砂糖　35g
- 卵　1個
- いちごジャム　50g
- オレンジの皮　適量

〈タルト台〉
- 小麦粉　400g+適量
- 片栗粉　100g
- 無塩バター　35g+適量
- 卵　2個
- 砂糖　10g
- 塩　ひとつまみ
- 水　100cc

4人分
〈焼きリゾット〉
- お米　160g(1合)
- たまねぎ　1/2個
- 無塩バター　30g
- オリーブオイル　スプーン3杯
- エメンタールチーズ　100g
- くるみ　40g
- 白ワイン　40cc
- 野菜のブイヨン　600cc
- 塩・こしょう　適量

〈アンディーブのサラダ〉
- アンディーブ　2個
- くるみ　20g
- ディジョンマスタード　スプーン1/2杯
- 赤ワインヴィネガー　スプーン1杯
- オリーブオイル　スプーン3杯
- 水　スプーン1杯
- 塩　適量

4人分
〈お米のサラダ〉
- お米　160g(1合)
- お湯　250cc
- オリーブオイル　スプーン2杯
- 赤パプリカ　1/2個
- 赤たまねぎ　1/4個
- さやいんげん　20本
- ケイパー　スプーン1杯
- ツナ(缶詰)　50g
- コルニッション　10本
- プチトマト　8個
- 卵　4個
- サラダ用葉物野菜　適量
- 塩・こしょう　適量

〈シーザーソース〉
- 卵　1個
- ディジョンマスタード　スプーン2杯
- アンチョビ　2枚
- パルメザンチーズ(粉末)　スプーン2杯
- オリーブオイル　100cc
- 赤ワインヴィネガー　スプーン2杯
- 塩・こしょう　適量

4人分
〈トマトのファルシ〉
- トマト　中8個(1個約100g)
- 冷やごはん　100g
- 豚ひき肉　100g
- たまねぎ　中1個
- にんにく　1片
- 卵　1個
- トマトのフォンデュ　スプーン7杯
- オリーブオイル　スプーン5杯
- パルメザンチーズ(粉末)　スプーン2杯
- タイム　4本
- セージの葉　4枚
- 塩・こしょう　適量

〈付け合わせのサラダ〉
- サラダ用葉物野菜　適量
- バルサミコ酢のドレッシング　適量
- 塩・こしょう　適量

4人分
〈鶏のブランケット〉
- 鶏の手羽元　16本
- にんじん　中1本
- セロリ(葉付き)　1/2本
- 生マッシュルーム　4個
- タイム、ローリエ(ブーケ・ガルニ用)　適量
- 粒こしょう(白)　20粒
- 無塩バター　30g
- 小麦粉　30g
- 水　2ℓ
- 野菜のブイヨン　450cc
- プレーンヨーグルト(無糖)　50g
- レモン　1/2個
- 塩・こしょう　適量

〈ピラフ〉
- お米　160g(1合)
- 鶏の手羽元と野菜のゆで汁　250cc
- たまねぎ　1/2個
- 無塩バター　40g
- タイム　4本
- 塩・こしょう　適量

大阪・西梅田「ル・コントワール・ド・ブノワ」にて（2010年3月　撮影：川隅知明）

アラン・デュカス
Alain Ducasse

　1956年、フランス南西部ランド県の農家に生まれる。自家製のフォアグラや自家菜園の野菜を使った家庭料理に親しんで育ち、16歳から料理人の道に入る。90年、モナコのレストラン「ルイ・キャーンズ」の総料理長として、当時『ミシュランガイド』史上最年少の33歳で三つ星を獲得。現在は、パリ、モナコ、ニューヨークなど、世界各地にレストランやオーベルジュを展開。「テロワール（その土地特有の個性）」を重んじ、各国の文化と多様性に強い好奇心を持っている。

略歴

1956年	フランス南西部ランド県カステル・サラザンの農家に生まれる。
1987年	モナコの高級ホテル「オテル・ド・パリ」および同ホテル内のレストラン「ルイ・キャーンズ」の総料理長に就任。
1990年	モナコの「ルイ・キャーンズ」が『ミシュランガイド』で三つ星に。史上最年少、33歳での獲得。
1996年	パリにレストラン「アラン・デュカス」をオープン。
1997年	パリの「アラン・デュカス」が『ミシュランガイド』で三つ星を獲得。
1998年	モナコの「ルイ・キャーンズ」とパリの「アラン・デュカス」が三つ星を獲得。世界初の六つ星シェフになる。
2000年	パリの「アラン・デュカス」をホテル「プラザ・アテネ」内に移す。
2001年	パリに料理書専門出版社「アラン・デュカス・エディション」を設立。膨大なレシピを体系的に出版化する事業を始める。
2004年	東京・銀座にレストラン「ベージュ アラン・デュカス 東京」をオープン。
2005年	東京・青山にビストロ「ブノワ（BENOIT）」をオープン。
2008年	大阪・西梅田にビストロ「ル・コントワール・ド・ブノワ」をオープン。

『LEÇON』とは
（ルッソン）

　アラン・デュカスが率いるパリの料理書専門出版社「アラン・デュカス・エディション」の家庭向きレシピ・シリーズ。身近な材料で、誰でも簡単にアラン・デュカスの味が再現できるよう、食材別・料理別に編集されている。その日本オリジナル版である本書は、アラン・デュカスが日本の食材にオマージュをささげてプロデュースする東京のビストロ「ブノワ（BENOIT）」、大阪の「ル・コントワール・ド・ブノワ」で培った経験を盛り込んだ一冊。

ビストロ「ブノワ（BENOIT）」［東京・青山］

　1912年にパリで創業し、今なお愛されている老舗ビストロ「ブノワ」の名とエスプリを受け継ぐ。柏材を使ったベルサイユ風の床、くるみ材のビストロテーブル、錫のバーカウンターなど、南仏の邸宅を彷彿とさせる明るく暖かな雰囲気の中、フランス各地の伝統料理を気軽に楽しめる。

●東京都渋谷区神宮前5-51-8　ラ・ポルト青山10階　TEL：03-6419-4181
www.benoit-tokyo.com

ル・コントワール・ド・ブノワ［大阪・西梅田］

　「大阪テロワール」と「オーセンティックなフレンチ・ビストロ」が出合う場所。厨房を見渡す大きな"コントワール（カウンター）"がシンボル。大阪市街を一望できる店内では、関西でとれる豊富な食材を盛り込み、フランスの伝統とテクニックにもとづいた料理を堪能できる。

●大阪市北区梅田2-4-9　ブリーゼブリーゼ33階　TEL：06-6345-4388
www.comptoirbenoit-osaka.com

〈レシピ考案／調理〉
ダヴィッド・ブラン
David Bellin

　1974年、フランス西部ポワトゥー・シャラントの農家に生まれる。パリの「アラン・デュカス」、モナコの「ルイ・キャーンズ」と2軒の三つ星レストランで副料理長を務め、2004年、東京・銀座のレストラン「ベージュ アラン・デュカス 東京」のオープンと共に総料理長に就任。現在は、東京・青山のビストロ「ブノワ（BENOIT）」の総料理長を務める。
　15年来、アラン・デュカスのレストランで重要なポストを歴任し、素材選びから調理法までアラン・デュカスのエスプリとクリエーションを熟知する東京在住7年の親日家。本書のレシピ考案と調理を手がけたほか、同時刊行の『アラン・デュカスのひと皿フレンチ　魚』でも腕をふるっている。

アラン・デュカスの
ひと皿フレンチ
お米
LEÇON（ルッソン）日本版

2010年8月14日　初版発行

著　者　アラン・デュカス
発行人　中島　淳

発行所　株式会社140B
〒530-0004 大阪市北区堂島浜2-1-29
古河大阪ビル本館4F
tel.06-4799-1340
振替　00990-5-299267
www.140b.jp

ワイン監修　ジェラール・マルジョン

編　集　姜　尚美
写　真　清水奈緒
デザイン　みやあきみさ(cursor)
　　　　　岡田ゆうや(cursor)

特別協力　ミーレ・ジャパン株式会社
協　力　ル・クルーゼ ジャポン株式会社
　　　　株式会社森山硝子店（Verre）

印刷・製本　図書印刷株式会社

Leçon de Cuisine, Riz
©LEC August 14th., 2010, Printed in Japan
ISBN978-4-903993-08-9 C0077

●乱丁・落丁本は小社負担にてお取替えいたします。
●本書の無断複写複製（コピー）は、
著作権法上の例外を除き、禁じられています。
●定価はカバーに表示してあります。

同時刊行！
『アラン・デュカスのひと皿フレンチ　魚』

日本でおなじみの食材を使ったレシピ・ブック『アラン・デュカスのひと皿フレンチ』の〈魚〉編が同時刊行！　いわしのグリル、あじのグージョネット、かれいのロティ、さばのマスタード風味など、身近に手に入る魚を使った料理を、全行程写真入りでわかりやすく解説。魚に合う付け合わせやソースなど、料理の幅を広げるヒントもいっぱい。2冊一緒にお楽しみください。
ISBN978-4-903993-09-6 C0077　1,200円＋税